Madrid, 12 d

To Susie,

who probably don't understand Spanish but helped me to understand myself. Iuane used to be my other self, the one constantly hungry and desperated. Now is confined in this book.

Love

Inane

Isabel Navarro

UNIVERSIDAD
COMPLUTENSE
MADRID

Inane

Isabel Navarro

Con ilustraciones de:
Enrique Krause Buedo

PREMIO
BLAS DE OTERO
DE POESÍA 2007

Organizan:
Vicerrectorado
de Cultura y Deporte
Facultad de
Filología

Título coeditado con Editorial Complutense

Primera Edición: Abril de 2007

Universidad Complutense, 2008
c/ Obispo Trejo, 2
28040 - Madrid
servicio.publicaciones@uct.ucm.es
www.ucm.es/publicaciones

Donoso Cortés, 63 - 4ª planta. 28015 Madrid
Tels: 91 394 64 60/1. Fax: 91 394 64 58
ecsa@rect.ucm.es
www.editorialcomplutense.com

Diseño: E.K.B.
ISBN Editorial Complutense: 978-84-7491-924-0
ISBN Servicio de Publicaciones: 978-84-669-3058-1
Depósito legal: M-16971-2008
Imprime: Grasifer Arte, s.l.
Impreso en España

Índice

A Joseángel

En la región de la
los dioses buscan una fricción
2
¡Seca!
¡Fea!

Diez

Inane, la fea, perfuma sus muñecas con ajo frito.
Inane, la diosa, irrumpe en la cornisa
y pregunta por las manzanas.
Inane, la gula, ama las fresas y la compota.
Inane, la ebria, sueña barcos de arroz en los anuncios
por palabras.
Inane, el ansia, acecha Ítaca en la cocina.
Inane, la ciega, escribe menú en la cuadrícula.
Inane, personaje de harina - vieja y párvula-
tiene vientre de hogaza,
mirada de olla y cuchara de madera.

La palabra del maestro es el calostro del poeta,
una teta con miel y calendario,
la electricidad de un niño de juguete.
Cuando el maestro acaricia
se lustran las baratijas con halago.
La esperanza se ilumina
con un gesto de amor
que flota vago en el aire.
Un piropo cae al alma, estalla y se extingue.
La leche del maestro es tan efímera como la destrucción
del día.

Los padres sucumben arrugados
en una bolsa de plástico con cremallera.
Escamotean a los mortales y regresan como hijos
para jugar con la pelota
que golpea o hacina.
En la región de la genealogía
los dioses buscan una fricción
que travista su memoria calva.
La caricia del padre puede ser incesto o privación.
Nadie nos ha enseñado la diferencia.

Dime Inane, ¿a qué crees ser inmune?
¿Al influjo persuasivo de los anuncios, al crack del 27,
a la lluvia de cadáveres que cae
desde las azoteas, a Emma Bovary, al Sida, a la
PÉRDIDA,
al amor acostumbrado, a la costumbre de amar, al poder
arbitrario,
al sexo desabrido, al canibalismo, al HAMBRE,
a que te fumen te apaguen y ya está, a la cistitis, al
escarnio, al Lager, al cáncer de
mama, a chocar con un ecuatoriano y pensar es un
infrahombre, al tedio, a la sonrisa
lacia, a que tu dios se limpie los zapatos con una
cortina?
Dime Inane, ¿te crees inmune a desear la muerte de
un hijo?
Tu sistema inmunológico lo inventó una madre y fracasó.

Inane arranca el último botón a la camisa de fuerza
y tropieza
con ese misterio blanco aterido por el frío.
El cuerpo se desparrama –la sábana, la dicha, la carne,
el velo, la correa-
y el traje de novia cae
con gracia, junto a los pies desnudos.
Con fatiga de sacramento
la espalda se quiebra y el pecho baila colgandero.
Los ojos de Inane derraman organza
y en los ojales, la nada se parece al hielo.

Dices que te negaron la belleza,
y que sólo se atisbó al principio,
como piel previa a la mudanza.
Ajena
merodeó en tu ojo y en tu hueco.
Mutable,
figura calva o catarata.
Cerca.
Apenas oculta por la mosquitera.
Te perdiste a la guapa tras una cortina de insectos.

Reyerta de ecos
en el cóncavo del útero
vacío.
En el ring de tu vientre gritan
¡seca!
Con sordina,
las trompas de Eustaquio
y las trompas de Falopio
se recriminan a esputos
tu esterilidad.

Nací en el estamento de las bisagras.
Entre dos mundos, como esas puertas de cocina
que se empujan con el cuerpo.
Aquí o allí, fui la extraña en la esquina,
la ingrata hija con lengua de gozne.
El emperador desnudo
chirriando.
La niña que de ir a Sevilla perdió su silla,
pero en trenes vuelve a casa
y hace malabares con naranjas.

1981. Piedra, papel o tijera.
1999. En la cola esperamos todos.
Al principio fue la tierra y el agua.
(Piedra) Luego pasteles de barro.
(Papel) Desengaño en el huerto y la escuela.
(Tijera) El chocolate vuelve a ser fango.
(Piedra) Escamoteas el recreo.
(Tijera) Y siempre te pierdes lo bueno
cuando manchas las hojas
del recuerdo inmaculado.

Con y Sin.
Sin y Con.
Sin tutú para barrer colillas.
Con
Dios,
o cualquier otro vicario melón de hojalata.
Desparramada y esquizo en el relente de la acequia.
Peatón de una catenaria oxidada.
En el gozo limítrofe
de la amputación.

Detrás de la puerta hay una boca
y detrás de la boca
una garganta seca.
La boca muerde.
La boca arranca.
Un coro de bocas rechina,
un coro de bocas de hierro.
La boca masculla delitos,
la boca ventrílocua
no cesa.

Freír una cabeza de ajos y pimiento rojo.

Apartar.

El viejo gime la falta de sal y devora el aroma sin gula.

Engañar a los caracoles y matar al conejo.

Apartar.

Alimentar con sarmiento el fuego vivo.

El doble de agua que de arroz.

Azafrán en la lengua y tierra en los ojos.

Cúbrase con trapo o periódico hasta que el rescoldo
hinche los últimos granos.

Apartar. Plañir.

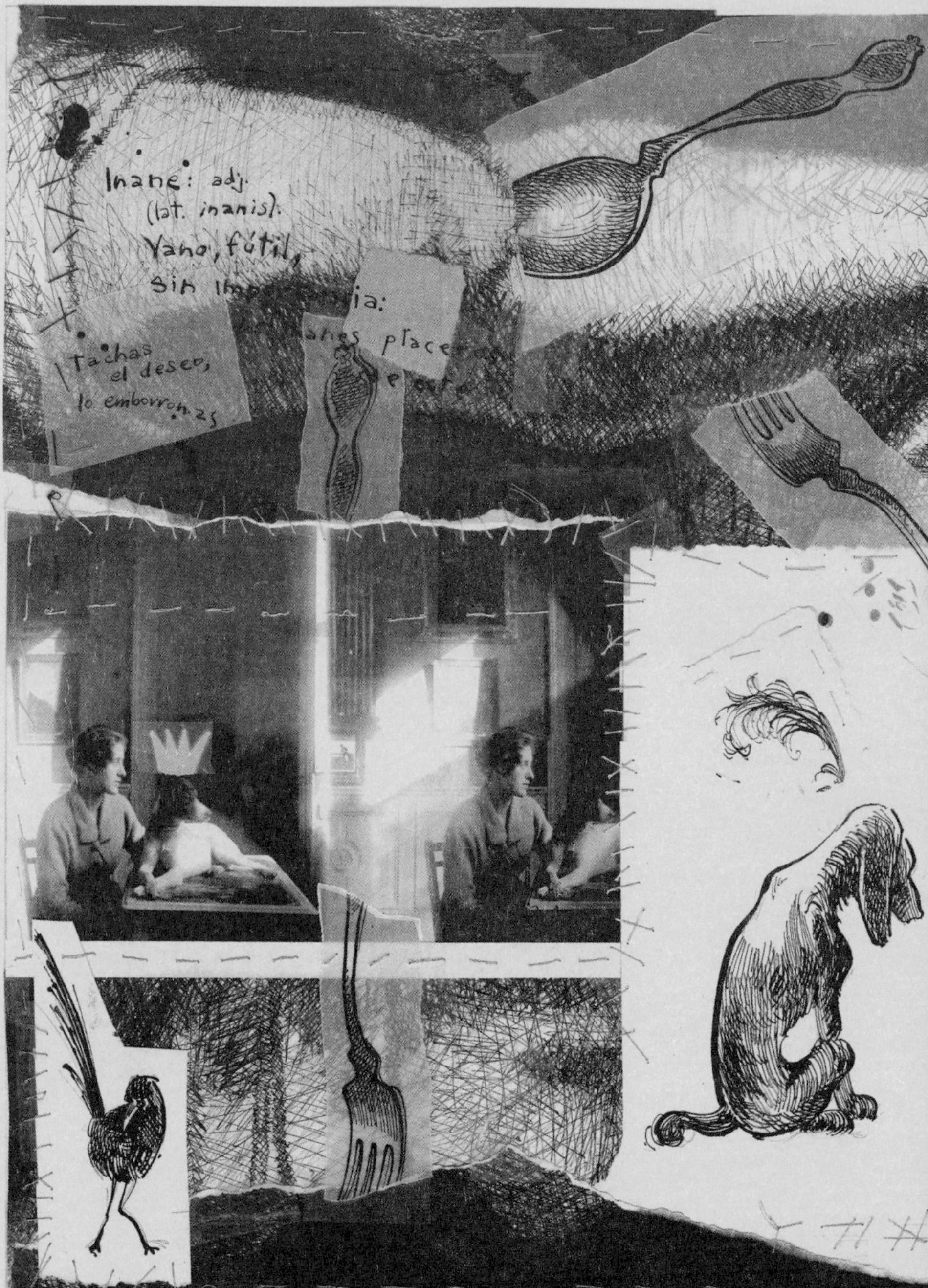
Inane: adj.
(lat. inanis).
Vano, fútil,
Tachas el deseo,
lo emborronas

Nueve

Con bocadillo de jamón
y ojeras
sabia
lascivia
e perros
y gatos

Viejas historias de otras pérdidas mientras se quema el café.
Subir escaleras.
Contabilizar vacíos.
Entrar en un bar con los pies hinchados.
Maldecir el juanete y la reencarnación de la carne.
Evaluar la falsedad de sus sonrisas
para bendecir, una vez más,
la sabia lascivia de perros y gatos.
Al menos, ellos saben lo que son.

Dices que restas porque no sabes sumar,
y que te persigue el sueño de ser otra.
Envidias a la zurcidora de puntillas antiguas,
al burócrata de legajos mugrientos
y a la maestra sonrosada con tiza en las uñas.
Quieres ser la bailarina que imita el gesto de una hoja,
otra escritora estéril, a lo Virginia Woolf,
o una madre generosa que lee novelas
mientras los niños duermen.

Apenas un celibato detrás de otro,
como si fuera una manía.
Tachas el deseo,
lo emborronas.
Cocinas engrudo con los deseos impotentes.
Arrastras una trenza de deseos obstruidos.
Disfrazas los deseos muertos
con una falda de cartón
demasiado rígida para el contoneo.

Como en la cafetería de un tanatorio.
Con bocadillo de jamón
y ojeras.
Con sonrisa fácil
y extrañas anécdotas,
que no vienen a cuento.
Hablar por hablar
para después gemir.
Casi uno de esos romances a las 5 de la mañana.

El atrezo del insomnio
es el ángulo de una puerta
donde se clava cada empeño
(o cuatro esquinitas tiene mi cama, ¿cuál se hinca más?)
La escena,
una orquídea en el regazo
agarrotando el tiempo.
El cuerpo diurno que muta
en el umbral de los placeres feroces.

Entre Sol y Callao una pátina de hongos
y un periódico abierto
que no leo.
El olor dulce de la bollería francesa
se cuela en los respiraderos del subterráneo.
El metro chirría y parece lo real.
La verdad es cinética.
Todos podemos dejar de morir en esta bocanada
y el hambre sería un pensamiento inútil.

Inane recibe una carta
en pascua de hambruna
y su entereza salta
como el mercurio
de un termómetro roto.
El dolor penetra en los desagües,
las gotas encharcan la escalera.
Las palabras se parapetan en el buzón,
pero las malas noticias siempre trotan hasta el pecho.

fuman amapolas o escriben con sombrero
un cerdo se ahorca

Ocho

Los versos con agallas habitan en la charca,
se hunden, donde Inane
y su gemela, Grieta, salpican y danzan
vestidas de algodón.
En la superficie, las niñas ilustran el cuadro
de una caja de bombones.
Por debajo, los versos afilados
mordisquean sus tobillos y hacen sangre.

En la despensa de tu abuela
un cerdo se ahorca
ajeno al deseo lúbrico
de Inane.
La carne danza,
el fuet indolente y la niña llora.

Demasiado alto
para unos dientes de leche.

Perdiste al ajedrez en Berlín
y te fuiste a llorar borracho
a la sombra de Marx y un graffiti con beso.
Inane te esperó en la habitación del hotel
leyendo un horario de trenes
y sola.

La utopía huyó de tu lado
como una biblioteca prestada.

Tótem fracaso
y mujeres macilentas
que fuman amapolas
o escriben con sombrero.
Inane y Grieta
-tinta y humo-
saciadas
por la luz azul de un himenóptero.

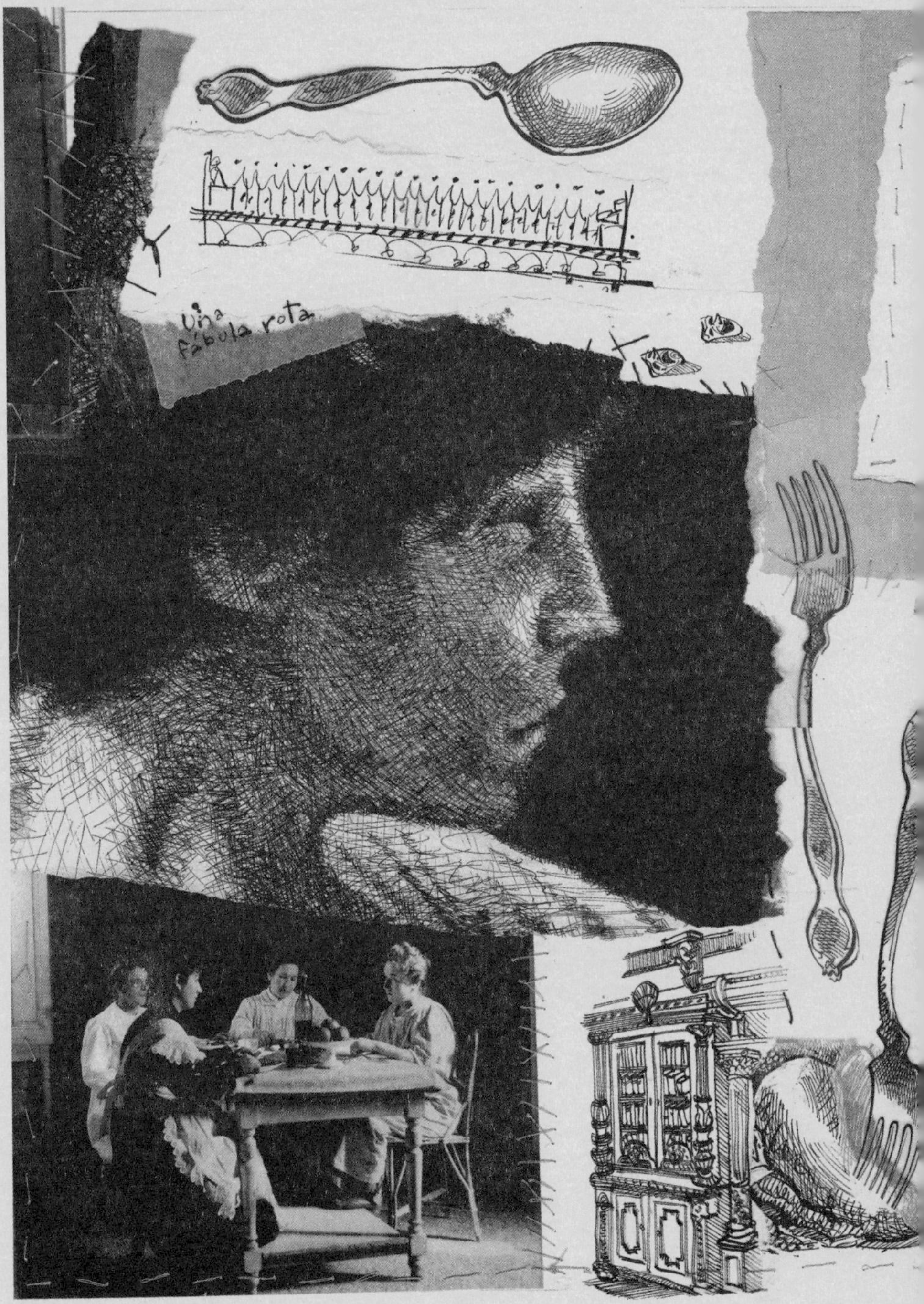
Una
fábula rota

Siete

Inane araña el metrónomo
musitando una canción de guerra.
Ávida de tuétano, pan y pringue.
Ronca y famélica,
con el dolor viejo
que nos enseña a cazar
donde sólo hay otros hombres que se arrastran.

Las abejas enjambran con miel y muerte
una fábula rota
de oquedad primera.
La cocina rebosa placebos
y en el cajón de los cubiertos zumban criaturas.

Suerte que lápices y cuchillos
mantengan su ambigüedad entre zánganos.

De pequeños silencios
se alimenta la carne de
pequeñas muertes.
De silencios y muertes
este traje de amor enlutado,
este amor de frijol
y de trova vieja.

Temblor de hiel. Loca por una manta.
Me ha vestido el invierno
con un traje de huérfana y sombra.
Con legañas, despierto a las afueras
de una ciudad que se *extrarradia*
malgastando semillas en jardines de cemento.
¿Ves? Tampoco hay madres en la arena de este parque.

Por un pedago de foco
hasta que el ansia
se extinga
en la Grieta
y ya nadie recuerde
su insaciable
codicia
La luz es

Seis

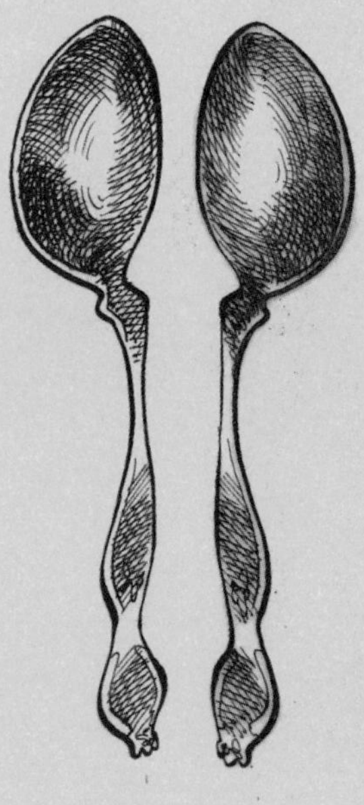

Tízname la cara de betún.
Píntame los labios con robín.
Hazme negra con ojos de muro.
Desahucia a Inane
hasta que el ansia se extinga en la Grieta
y ya nadie recuerde su insaciable codicia.

Si estuviese en París
y fuera jueves,
pediría al dios de la creación
unos ojos de animal nocturno
para gatear a tientas entre
la belleza y los deshechos.

Cada día un poco más puta,
lucha contra las sábanas
para dejar de ser fea.
Ayer
un poeta vomitó en la cama de Inane
tras mojar la lengua en su libro de leche.

A cucharadas el tiempo se cae
sobre la boca.
La casa traga horas
con periódicos que nombran
pan.
Cuando el hambre es un jeroglífico.

La agonía en dimensiones catódicas:
Tierra Quemada
y Corazón de Bonzo fornican
en la pantalla
por un pedazo de foco.
La luz es estéril.

Los amantes se encuentran en las fronteras.
Comparten, perplejos,
la búsqueda de un mapa
que se construye
camino del exilio
o el matadero.

Las manos te olían a cebolla
y en cada suspiro repetías la palabra
hambre.
Alguien me dijo que nunca pudiste evitar
estudiar en la misma mesa
donde tu madre degollaba los conejos.

Ginebra y leche
para viajar al tiempo amarillo,
al tiempo en que columpiábamos el sexo
y tú sólo eras la niña
con envidia de pene y pantalones de pana.

El mismo agujero.

Isabel Navarro
Imagen
zirada entre
los
ojos

Cinco

El pecado venial de las azadas
es cavar la tierra para sepultar un credo.
Es el penúltimo dogma de los cínicos:
sembrar la era con hortalizas invisibles.
La fe desgastada, como el bajo de los vaqueros.

Un cuarto propio y 200 libras
para empezar a nombrar
los apellidos del hambre.
Para deletrear balbuciendo
al fiasco erguido en lo sagrado.

Voraz
es la imagen
que llevas desgarrada entre los ojos.
Precoz
es el silencio de la llaga.

La Inane se pinta los labios
y elige entrecot.
La enferma vomita
dolor con alfileres
y canta.

Llegó cansada de tocar
su tambor de barro
y se sentó en una esquina
a esperar
lo inevitable.

Inane

Verde haciendo fru-fru en las mesas

Cuatro

Inane trepa al fogón y engulle misivas,
está encinta de papel
y su hijo cruje
masticando poemas con esperanzas viejas.

Óvulos dorados,
como pepitas de oro.
Granos de arroz
en la paella del domingo.

Milena.
Sólo un vestido verde haciendo fru fru en las mesas del café.
Adela.
Todos los vestidos verdes, alejándose.

Prendada
del maniquí calvo del escaparate,
seguiste su imagen
del vaho al cristal.

Te llama.
La voz suena a rayajo.
_ _ _ _ _ _ _ _ _ _ _ _ ___________________________
Y una hecatombe glaciar cubre con beso
al útero entre ortigas.

El pelo falso de las vírgenes se te aparece en sueños.
La peluca es pesadilla.
Sabes que nadie cargaría sobre los hombros
con el peso de una mujer calva.

Se aceptan pupilas
con fines médicos y proféticos.
Se necesitan.
Se pagan.

I n a n e

esqueje en las manos

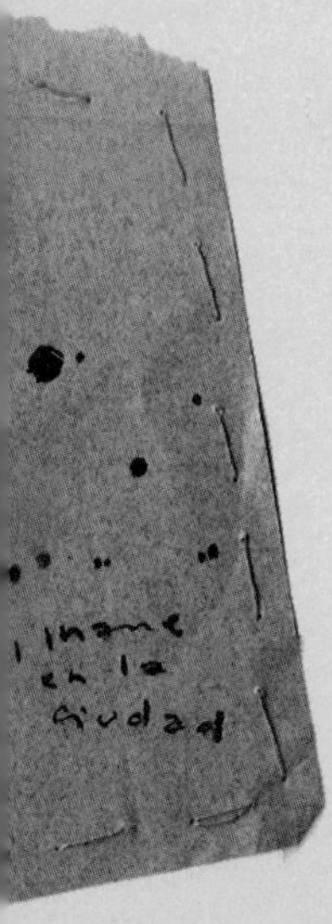

Tres

Si grita el miedo
tengo Cabrales
para abrumar su boca.

Inane devoró las margaritas y una luciérnaga moribunda.
Aceptó los presentes.
Se creyó Soledad Montoya.

Por voluntad la llamaremos manzana,
y al delirio
capricho.

A menudo piensas en Gibellina
y en sus cuarenta hectáreas de cemento gris
donde nadie come pizza.

¿Dónde estará
ese generoso campo dorado
a donde van los cuerpos a colmarse?

Trizas, trazos, trenzas.

Casi siempre es borroso
el yo sepultado.

Te pienso en la bañera
cuando se ahogan los patos de plástico
hartos de fingir que flotan.

Contigo pan y cebolla,
me dices,
pero sospecho que soy hambre.

Inane en la ciudad
con el esqueje en las manos.

Sin saber a dónde.

Tras el donut
la muerte.
El mismo agujero.

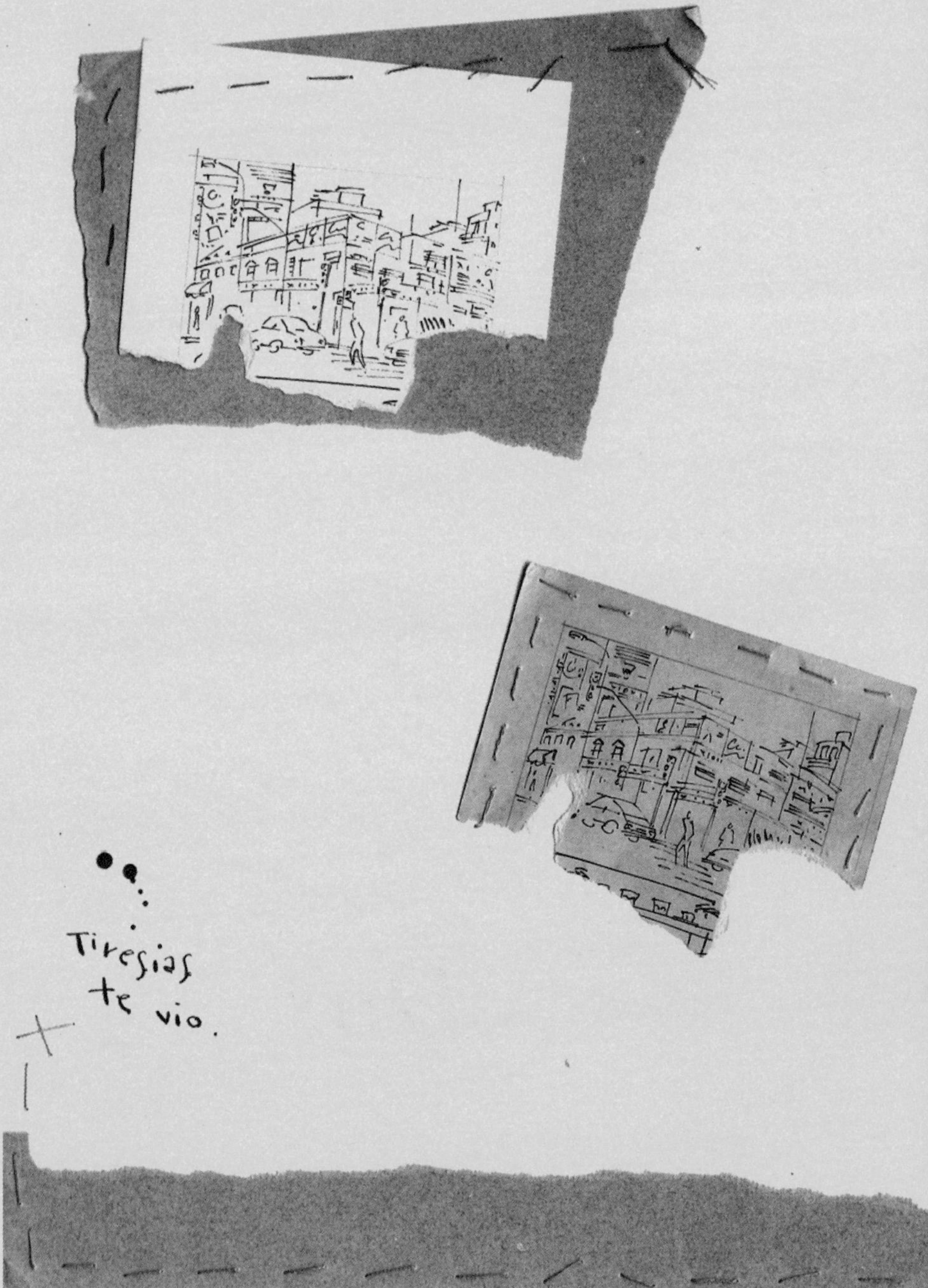
Tiresias te vio.

al otro lado.

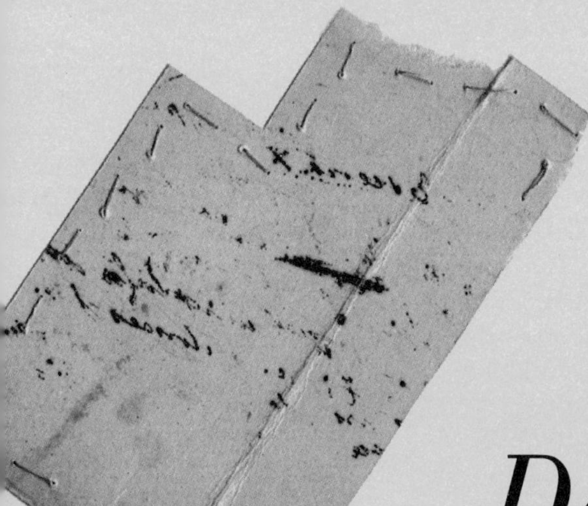

Dos

Inane tiene rendijas
por donde se cuelan las horas de esparto.

Tiresias te vio.

Para mí la impotencia.

La maldición de los hambrientos es abrir la nevera
y encontrar una lechuga mustia.

Puta palabra,
jamás debiste escapar de la nana.

Reconozco a la boca por su coprofagia
y mi parentesco.

Ungir el dolor en azúcar quemada.
Amilanar los ojos con azúcar glas.

Ella es un brazo
que impide a la ebriedad besar la tierra.

1877-1927. Sin epitafio.

No necesito la escalera para saber que ha muerto sola.

El cuerpo se dejó vencer
por un febrero sin nueces.

Pan francés, ollas de pasta y tarros con manteca.

Al otro lado.

No conozco a Inane
y en fotos me yace.

desdén

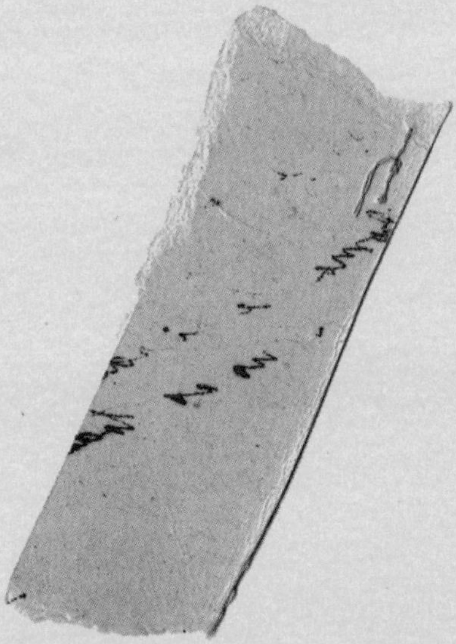

Uno

El mismo donut, ahora con menos calorías.

Este menú es un trampantojo.

Todos los besos se rompen en la boca.

Perseguir la miel a horcajadas de un padre roto.

Sepultar el espejo, corrupta por la falta.

Hervir y vivir: arroz con leche en un fuego de esquelas.

Así: el papel más transparente y el cuerpo más restado.

Con desdén, en el espacio blanco del cuaderno.

Índice de primeros versos

Isabel Navarro nació en Petrer (Alicante) en 1977. Periodista y doctoranda de Filología Inglesa, comenzó su carrera profesional en el diario La Razón y actualmente colabora en el suplemento dominical XL Semanal y en la revista Mujer de Hoy, del Grupo Vocento. Ha sido profesora de Comunicación y Redacción en la Universidad Anáhuac de México, y sus reportajes sobre infancia y discapacidad han sido galardonados con los premios Tiflos y UNICEF de periodismo. En 1997 ganó el Premio de Poesía Paco Mollá con el poemario "Las nanas que me cantó Atenea" y en 1998 el Premio de Poesía Colegio Mayor Nuestra Señora del África con "Los hijos de Okwonkwo". En 2007 coordinó y participó en el libro de varios autores "De los que aman: el cine de Isabel Coixet", editado por el Ayuntamiento de Madrid y la Junta de Distrito de Chamberí. "Inane" es su primer libro.

Impreso en Madrid, Abril de 2008